이정은

모든 사물에 눈, 코, 입을 달고 싶어 하는 캐릭터 그림책 작가입니다. 한글을 모티브로 캐릭터를 만드는 그림책 작업을 하고 있으며, 아이들과 함께 그림책 수업을 하고 있습니다. 시각 디자인과 미술 치료를 전공하였고, 한국카툰공모전에서 금상을 받았습니다.

heyillust

북멘토 그림책 026

1판 1쇄 발행일 2025년 1월 1일
글·그림 이정은 펴낸곳 (주)도서출판 북멘토 펴낸이 김태완
부대표 이은아 편집 김경란, 조정우 디자인 키꼬, 안상준 마케팅 강보람 경영기획 이재회
출판등록 제6-800호(2006. 6. 13.) 주소 03990 서울시 마포구 월드컵북로 6길 69(연남동 567-11) IK빌딩 3층
전화 02-332-4885 팩스 02-6021-4885

bookmentorbooks.co.kr   bookmentorbooks@hanmail.net
bookmentorbooks__   blog.naver.com/bookmentorbook

※ 잘못된 책은 바꾸어 드립니다.
※ 이 책은 저작권법에 따라 보호를 받는 저작물이므로 무단 전재와 무단 복제를 금합니다.
※ 이 책의 전부 또는 일부를 쓰려면 반드시 저작권자와 출판사의 허락을 받아야 합니다.
※ 책값은 뒤표지에 있습니다.

ISBN 978-89-6319-622-0 74810
ISBN 978-89-6319-624-4 74810(세트)

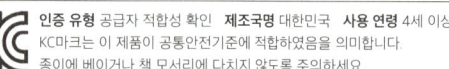

이정은 그림책

북멘토

안녕?

나는 한글 몬스터 ㄱ이야.
나랑 친구들을 만나러 갈래?
겅중겅중 뛰어가자.

나는 한글 몬스터 ㄴ이야.
냠냠 정말 맛있겠는걸.
아무튼 반가워.

나는 한글 몬스터 ㄷ이야.
두리번두리번
나랑 술래잡기 놀이할래?

나는 한글 몬스터 **ㄹ** 이야.
룰루랄라 오늘은 기분 좋은 날.

나는 한글 몬스터 ㅁ 이야.
뭉게뭉게 구름 위로 뛰어오르고 싶어.

나는 한글 몬스터 ㅂ이야.
바스락바스락 무슨 소리지?

나는 한글 몬스터 ㅅ이야.

살글살글 나처럼 걸어 봐.

나는 한글 몬스터 ㅇ이야.
웅얼웅얼 무슨 말 하는 게니?

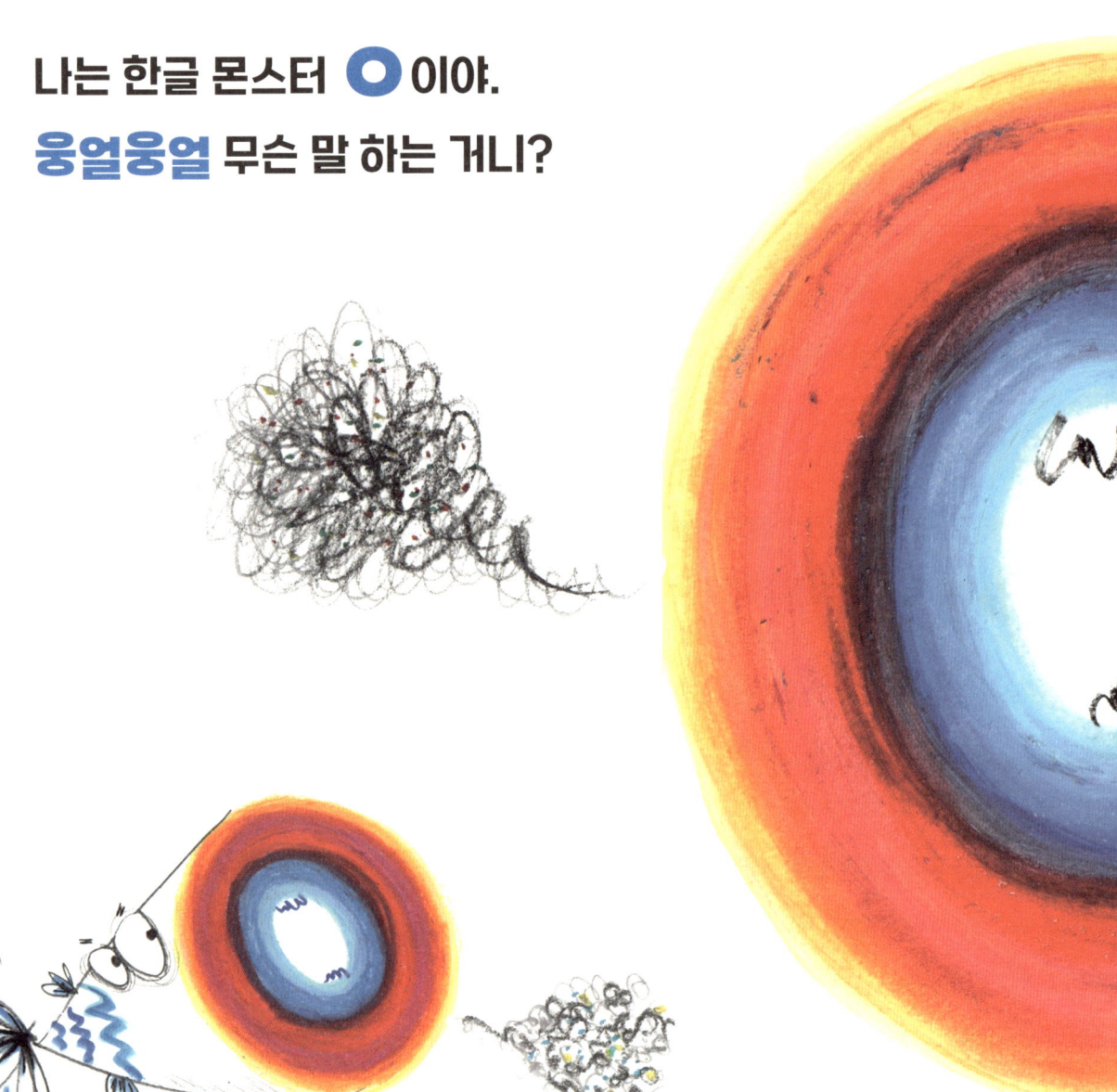

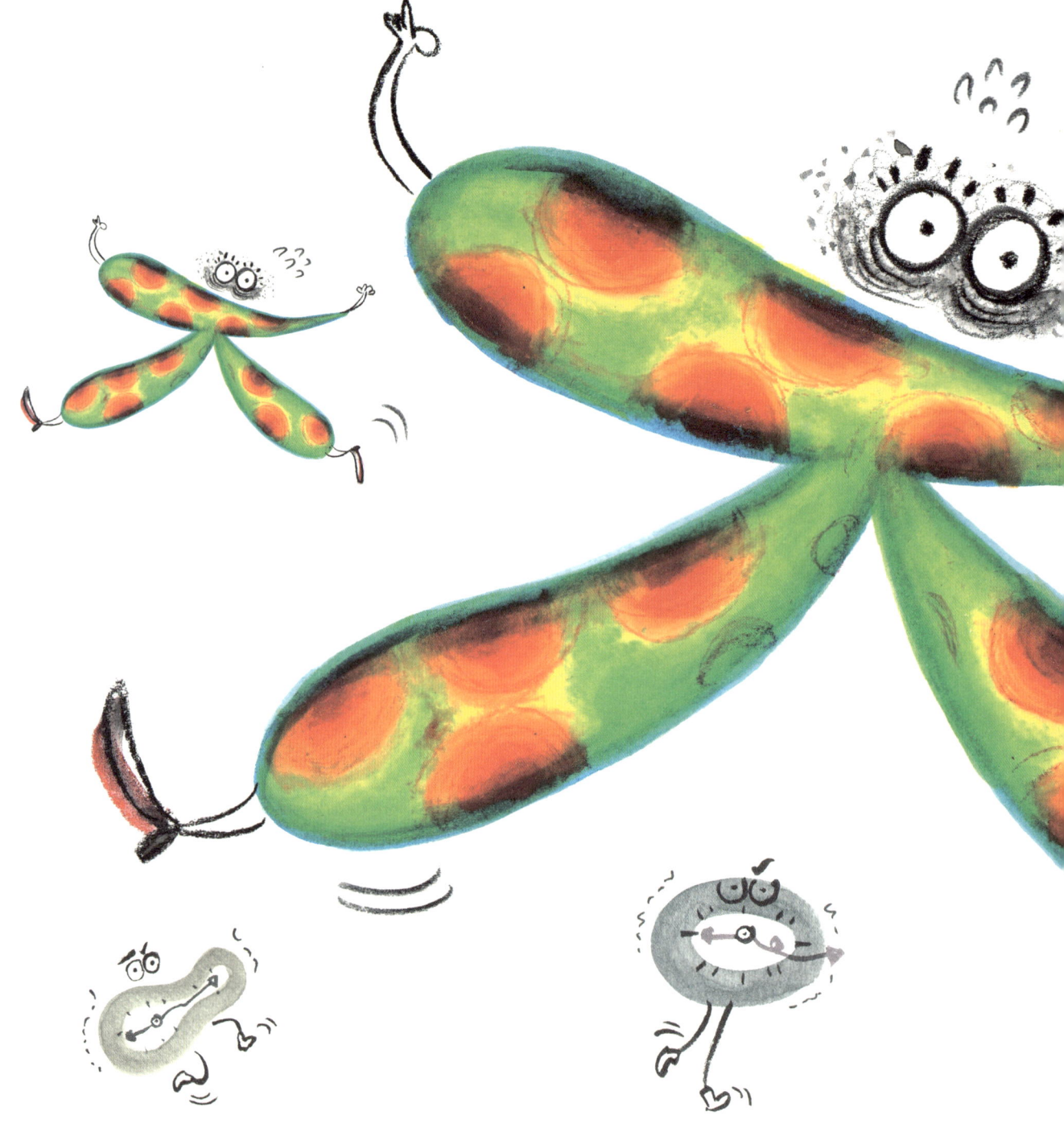

나는 한글 몬스터 ㅈ이야.
늦었다. **재깍재깍** 서둘러!

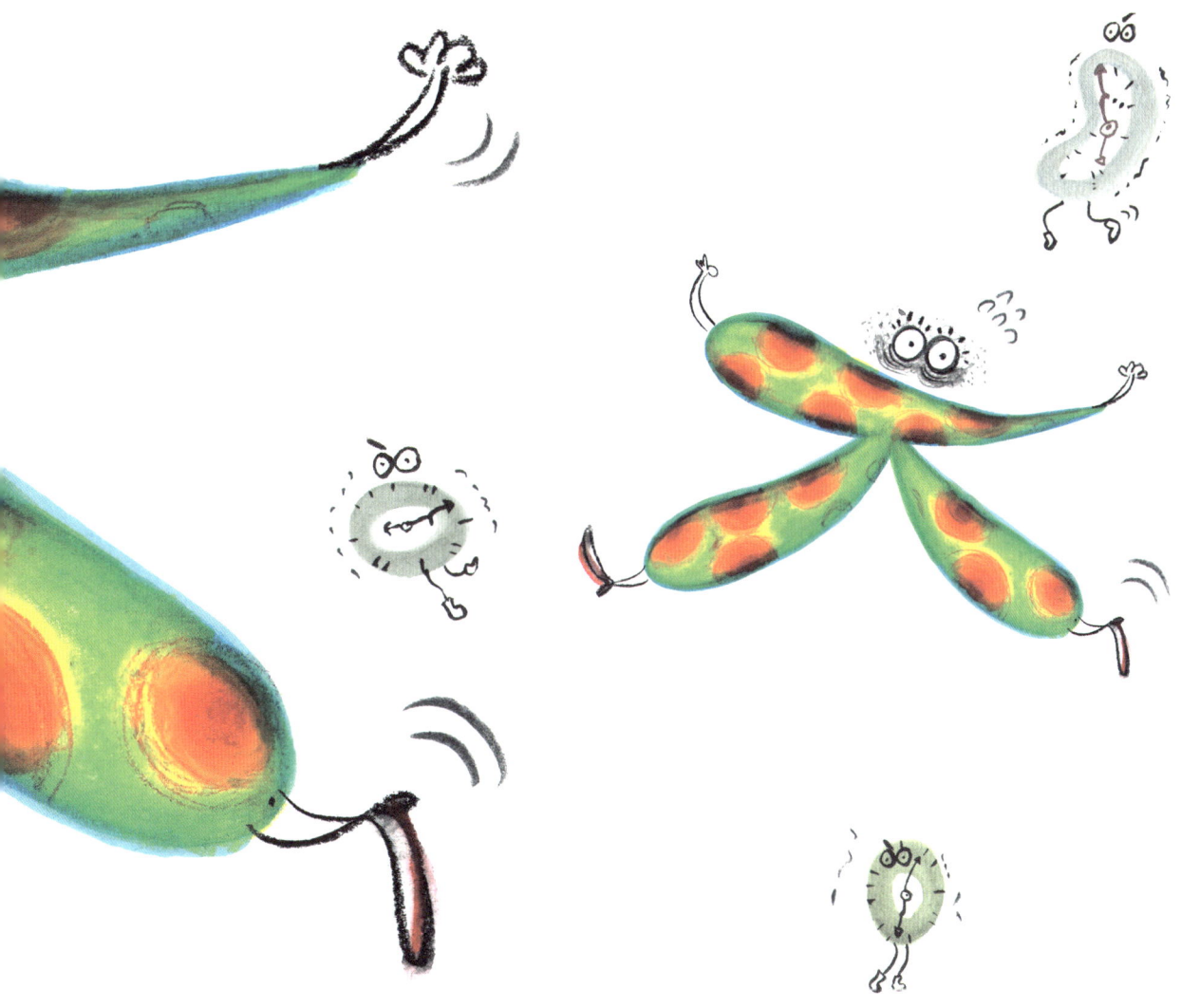

나는 한글 몬스터 大 이야.
첨벙첨벙 신나게 놀아 보자.

나는 한글 몬스터 ㅋ 이야.

나는 한글 몬스터 ㅌ 이야.
토도독 떨어지는 빗방울이 보이니?

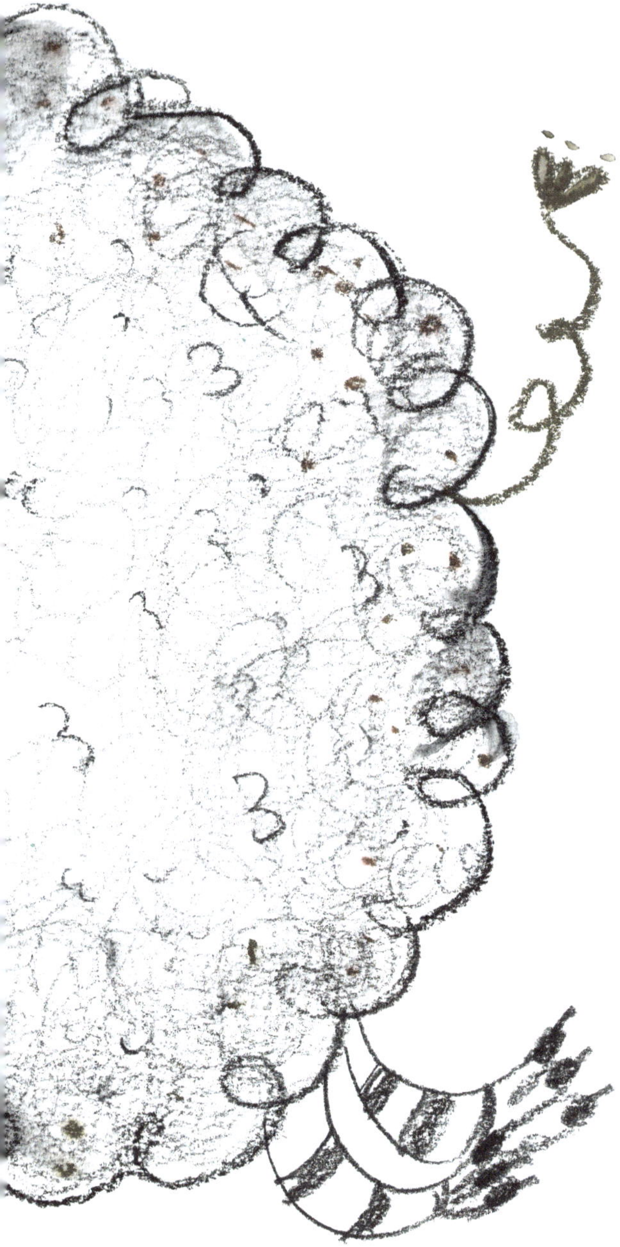

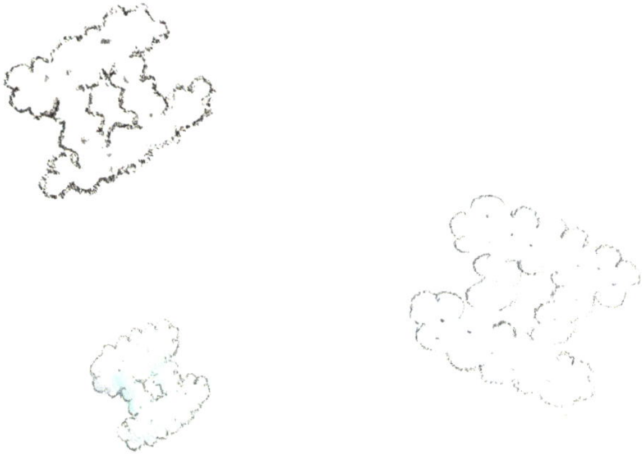

나는 한글 몬스터 ㅍ이야.
포근포근 내 털은 정말 따뜻해.

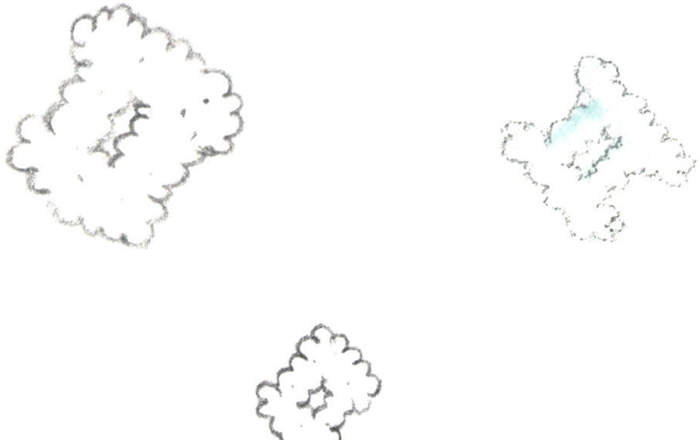

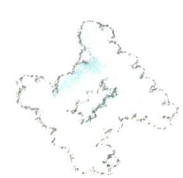

나는 한글 몬스터 ㅎ 이야.
흔들흔들 모두 다 함께 춤추자!

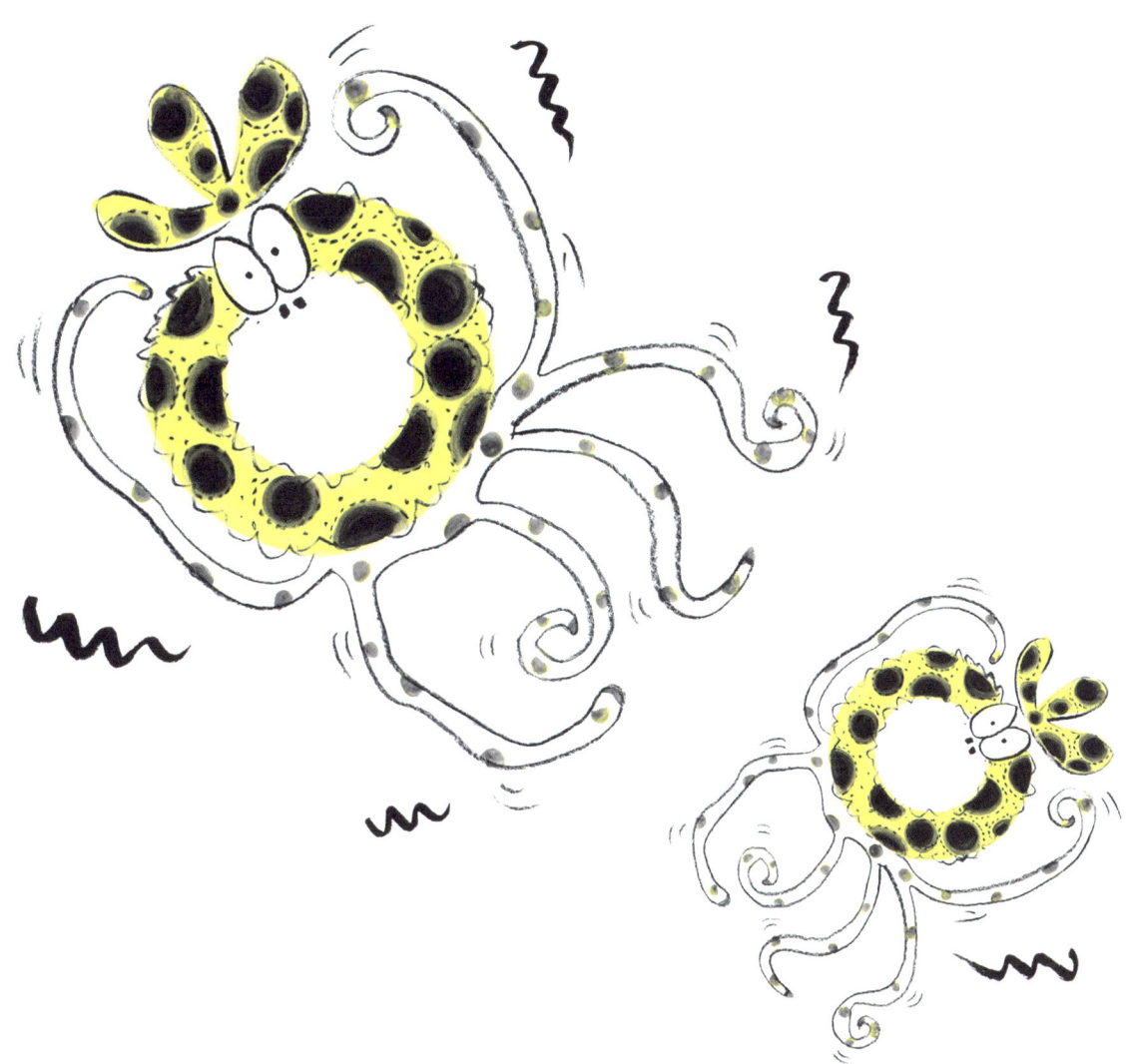

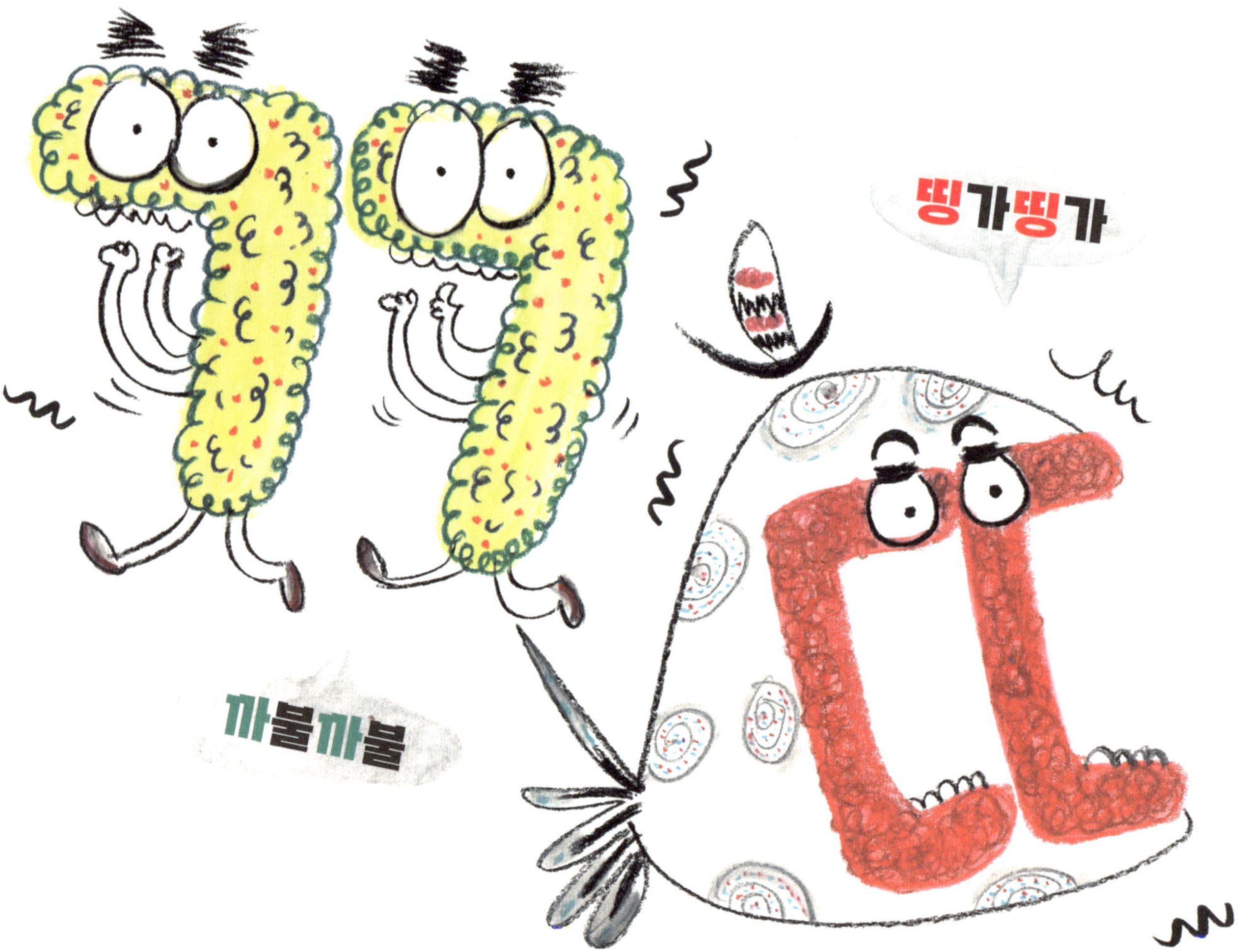

겅중겅중 ㄱ

냠냠 ㄴ

두리번두리번 ㄷ

룰루랄라 ㄹ

뭉게뭉게 ㅁ

바스락바스락 ㅂ

살금살금 ㅅ

웅얼웅얼 ㅇ

재깍재깍 ㅈ

첨벙첨벙 ㅊ

키득키득 ㅋ

토도독 ㅌ

포근포근 ㅍ

흔들흔들 ㅎ

모두들 만나서 반가워!

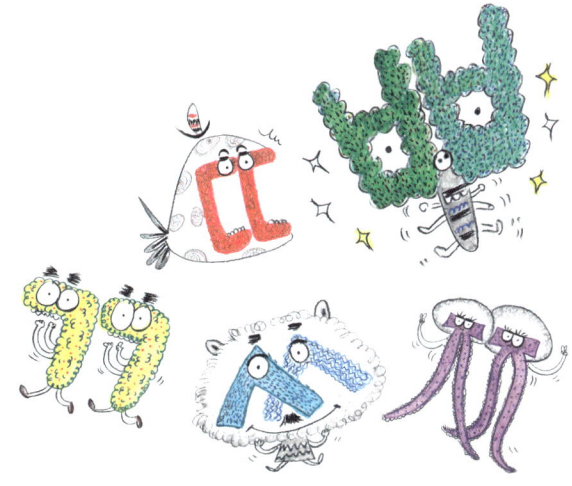